SWOT-Analyse über die TSG 1899 Hoffenheim. Merchandising und Licensing, Digitalisierung und Sponsoring

Nathalie Wittmann

Bibliografische Information der Deutschen Nationalbibliothek:

Die Deutsche Nationalbibliothek verzeichnet diese Publikation in der Deutschen Nationalbibliografie; detaillierte bibliografische Daten sind im Internet über http://dnb.d-nb.de abrufbar.

ISBN: 9783346453426
Dieses Buch ist auch als E-Book erhältlich.

© GRIN Publishing GmbH
Nymphenburger Straße 86
80636 München

Druck und Bindung: Books on Demand GmbH, Norderstedt Germany
Gedruckt auf säurefreiem Papier aus verantwortungsvollen Quellen

Das vorliegende Werk wurde sorgfältig erarbeitet. Dennoch übernehmen Autoren und Verlag für die Richtigkeit von Angaben, Hinweisen, Links und Ratschlägen sowie eventuelle Druckfehler keine Haftung.

Das Buch bei GRIN: https://www.grin.com/document/1030527

Deutsche Hochschule für
Prävention und Gesundheitsmanagement

Einsendeaufgabe

Fachmodul:	Sportmarketing
Studiengang:	Sportökonomie
Datum Präsenzphase:	23.04 – 26.04.2019
Name, Vorname:	Wittmann, Nathalie
Studienort:	**Stuttgart**
Semester:	**2017 Wintersemester**

Inhaltsverzeichnis

3

1 SWOT-Analyse

Im Folgenden wird eine SWOT-Analyse über den Verein TSG 1899 Hoffenheim durch-geführt. Die TSG 1899 Hoffenheim wurde im Jahr 1899 gegründet und ist vor allem im Fußball erfolgreich. Seit 2008 spielt die Fußballmannschaft von 1899 Hoffenheim in der ersten Fußballbundesliga. Zuerst wird eine Ressourcenanalyse und danach eine Analyse der Unternehmensumwelt durchgeführt. In der SWOT-Matrix werden dann anhand der Stärken, Schwächen, Chancen und Risiken verschiedene Strategien zur Angebotserwei-terung des Vereins entwickelt.

1.1 Ressourcenanalyse – Stärken und Schwächen

Eine der Stärken der TSG 1899 Hoffenheim ist der technologische Fortschritt. Ein Bei-spiel hierfür ist der sogenannte „Footbonaut", der in der Bundesliga nur noch von dem Verein BVB Dortmund für das Training eingesetzt wird. Auch das neueste Projekt der TSG 1899 Hoffenheim, der Interactive Data Space, ist ein weiterer Meilenstein für einen der innovativsten Fußballclubs. Die Leistungsdaten der Spieler können mit dem Interac-tive Data Space analysiert und visualisiert werden. Durch diese Daten kann ein optimier-tes Mannschafts- und Individualtraining sowie eine verbesserte Verletzungsvorbeugung stattfinden (Hoffenheim, 2019). Auch die Jugendarbeit der TSG 1899 Hoffenheim, wel-che durch den technologischen Fortschritt klar profitiert, ist eine Stärke des Vereins. Die TSG Akademie bekam bei der bundesweiten Zertifizierung von Nachwuchsleistungszen-tren durch den DFB und die DFL die Höchstwertung von drei Sternen. Die Akademie der TSG Hoffenheim besteht aus drei Leistungszentren. Das Grundlagenzentrum, die Akade-mie-Arena und das Leistungszentrum, welche für die Spieler bis in die U19 Mannschaft konzipiert sind. Die Meisterschaft der B-Junioren 2008, der Pokalsieg der DFB-Junioren 2010 und die Meisterschaft der A-Junioren 2014 sind bisherige Erfolge der TSG Akade-mie (Hoffenheim, (o.J.)b). Die gute Infrastruktur und Verkehrsanbindung zum Stadion sind eine weitere Stärke des Vereins. Direkt vor dem Stadion und in unmittelbarer Nähe sind 4.600 Parkplätze vorhanden. Die Pre-Zero-Arena liegt direkt neben der A6 und in Bahnhofsnähe. Auch mit dem Bus und zu Fuß ist sie gut erreichbar (Hoffenheim, (o.J.)c).

Der immer noch geringe Bekanntheitsgrad der TSG 1899 Hoffenheim ist eine Schwäche sim Verein. Im Vergleich zu der Konkurrenz hat der Verein der TSG mit 9.664 Mitgliedern deutlich weniger (Trost, 2019). Dies hängt mit dem schnellen Erfolg zusammen. Die TSG Hoffenheim ist in gerade einmal neun Jahren von der Oberliga bis in die Bundesliga aufgestiegen (Hoffenheim, (o.J.)a). Auch als eine Schwäche der TSG 1899 Hoffenheim kann man das immer noch schlechte Image des Vereins nennen. Durch den Großinvestor Dietmar Hopp wird der Verein als kommerzieller Verein und nicht als Traditionsverein angesehen. Der hohe Anteil der Stimmrechte von Dietmar Hopp im Verein ist außerdem als Schwäche zu nennen. Der Verein ist dadurch stark in seinen Entscheidungen beeinträchtigt, da Dietmar Hopp 96 Prozent der Stimmrechte der TSG Hoffenheim besitzt (Giannakoulis, 2011).

1.2 Analyse der Unternehmensumwelt – Chancen und Risiken

Eine große Chance für den deutschen Profifußballbereich und somit für die TSG, könnte der Einzug in die Europa Leauge sein. Die TSG 1899 Hoffenheim steht derzeit auf dem achten Tabellenplatz und ist nur einen Punkt von einem Europa Leauge Platz entfernt. Durch den Einzug in die Europa Leauge wird der Verein international bekannter und bekommt mehr Einnahmen durch TV-Ausstrahlungen. Auch die Förderung der jungen Spieler kann eine Chance für 1899 Hoffenheim sein. Junge Spieler könnten so gefördert werden, dass diese später auch in der Bundesliga einsatzbereit sind und dem Verein somit hohe Kaufsummen für neue Spieler erspart bleiben könnten. Eine weitere Chance ist, dass die Freizeit durch den demografischen Wandel einen immer höheren Stellenwert in der Gesellschaft bekommt (Werner Heß, 2008). Somit ist noch viel Potenzial für neue Mitglieder vorhanden, die durch verschiedene Strategien an den Verein gebunden werden können.

Die steigenden Spielergehälter sind ein Risiko für die TSG Hoffenheim, die sich im Ausland bereits stark bemerkbar machen. Zum Vergleich: Die Bundesligisten geben durchschnittlich mit einer Personalkostenrate von 35 Prozent deutlich weniger aus, als der FC Barcelona mit rund 81 Prozent (KPMG Advisory Ltd., 2019). Auch ein Risiko für den Verein wäre der Ausfall (z.B. Ableben) von Dietmar Hopp, bedingt durch das weit fortgeschrittene Alter. Auch wenn sein Sohn bereits zugestimmt hat, die Gesellschafterrolle seines Vaters zu übernehmen, liegt sein Hauptjob in der SAP-Arena und dem Eishockey und nicht im Bereich dem Fußball (Teevs, 2014). Der Verlust von Leistungsträgern ist ein weiteres Risiko für den Verein. Durch das Abgehen von Leistungsträgern besteht das Risiko, dass der Verein in der Bundesliga und der Europa Leauge mit den stärkeren Mannschaften nicht mehr mithalten kann und ein Erfolg ausbleibt.

1.3 SWOT-Matrix

Tab. 1: SWOT-Matrix der TSG 1899 Hoffenheim (eigene Darstellung)

Chancen/ Gefahren der Angebots-erweiterung Stärken/ Schwächen des Sportvereins	Chancen (Opportunities) 1. Hohes gesellschaftliches Interesse am Fußball 2. Teilnahme an der Europa Leauge 3. Förderung der jungen Spieler	Risiken (Threats) 1. Steigende Spielergehälter 2. Ausfall von Großinvestor Dietmar Hopp 3. Verlust von Leistungsträgern
Stärken (Strengths) 1. SAP als Innovationspartner (Technologischer Fortschritt) 2. Gute Jugendarbeit 3. Infrastruktur und Anbindung zum Stadion	**S-O-Strategien zur Angebotserweiterung:** 1. Durch die gezielte Jugendarbeit der TSG können junge Spieler in den U-Mannschaften und dann in der Bundesliga gefördert werden. Anschließend können diese an andere Vereine für einen gewinnbringenden Erlös verkauft werden 2. Durch das hohe Interesse am Fußball und die gute Verkehrsanbindung zum Stadion könnte der Verein durch Kooperationen mit der Deutschen Bahn attraktiver werden. Die Dauerkartenbesitzer könnten eine Ermäßigung auf ein Jahresfahrtenticket der DB bekommen	**S-T-Strategien zur Angebotserweiterung:** 1. Durch die individuelle Trainingsbetreuung aufgrund der modernsten Technologien und Analyseprogrammen können eigene Jugendspieler gezielt gefördert werden und in der Bundesliga fußfassen. Ziel: abwandernde Leistungsträger in der Zukunft aus eigenen Reihen ersetzen zu können 2. Es sollte bereits vor einem möglichen Ausfall (z.B Ableben) von Dietmar Hopp die Zusammenarbeit mit der SAP abgesichert werden, um die Spieler weiterhin perfekt zu betreuen, analysieren und fördern zu können
Schwächen (Weaknesses) 1. Geringer Bekanntheitsgrad 2. Schlechtes Image 3. Anteil der Stimmrechte von Dietmar Hopp	**W-O-Strategien zur Angebotserweiterung:** 1. Durch eine Teilnahme in der Europa Leauge wird der Verein international bekannter und der Marktwert der Spieler steigt dadurch. Durch den erhöhten Bekanntheitsgrad des Vereins können Spieler gewinnbringender verkauft werden und Umsatz generiert werden 2. Durch eine Förderung der jungen Spieler wird in Zukunft weniger finanzielle Unterstützung notwendig sein, dadurch wird Dietmar Hopp finanziell mehr in	**W-T-Strategien zur Angebotserweiterung:** 1. Durch die Schwäche der Abhängigkeit von Dietmar Hopp und das Risiko das Leistungsträger verloren gehen, muss noch mehr Geld in das Standbein der TSG, die Jugendarbeit, investiert werden. Dadurch können die Leistungsträger durch gut ausgebildete Spieler aus der Jugend ersetzt werden. Somit werden keine großen finanziellen Mittel benötigt.

den Hintergrund treten. Dies führt dazu, dass der negative Ruf des Vereins sich ins positive wendet, weil erkannt wird, dass der Verein unabhängiger wird.	2. Der geringe Bekanntheitsgrad der TSG und die hohen Spielergehälter zwingt den Verein zum Handeln, um keine Verbindlichkeiten zu bekommen. Deswegen wird das Eventmarketing genutzt, um weitere Mitglieder zu gewinnen und mehr Umsatz bei Spielen, Fanartikeln und anderen Veranstaltungen zu generieren.

2 Merchandising und Licensing

Im Folgenden wird ein Merchandisingkonzept für einen Volleyballverein, der in diesem Jahr sein 30-jähriges Jubiläum feiert, erstellt. Der Volleyballverein besteht aus sechs Breitensport- und aus zwei Profimannschaften. Der Verein ist jugendorientiert und beschreibt sich als sportlich, freundlich und familiär.

2.1 Wer

Der Verein übernimmt das komplette Merchandising in Eigenregie. Die Zusammenstellung des Sortiments, die Bestellung und der Verkauf der Merchandising-Artikel werden im Verein durchgeführt, um zusätzliche Kosten zu vermeiden.

2.2 Was

Die Merchandisingartikel sind in eine Sortimentsarchitektur unterteilt.

Zum Kernsortiment der Merchandisingprodukte zählen das Jubiläumstrikot sowie der Jubiläumsvolleyball. Das Jubiläumstrikot wird in den Vereinsfarben blau und weiß gehalten und hat auf der Trikotvorderseite auf Brusthöhe das Jubiläumslogo. Die Rückseite des Trikots ist personalisierbar. Auch der Jubiläumsvolleyball erhält die Vereinsfarben blau und weiß und hat einen Schriftzug „30 Jahre".

Das Zusatzsortiment besteht aus einem Set mit einer Schildkappe und zwei Schweißbändern. Ein weiterer Artikel aus dem Zusatzsortiment ist eine Sonnenbrille für die Beachvolleyballfans. Die Schildkappe und die Schweißbänder werden schlicht in der Vereinsfarbe blau gehalten. Auf dem Schild der Schildkappe ist das Jubiläumslogo zu sehen. Auf den beiden Schweißbändern kann man auf einem Schweißband in weiß die Zahl Drei und auf dem anderen Schweißband auch in weißer Schrift die Zahl Null lesen. Die Sonnenbrille besitzt einen weißen Rahmen und hat dunkelblaue Gläser. Auf der einen Seite des Rahmens kann man in blau den Schriftzug „30 Jahre" und auf der anderen Seite einen Schriftzug mit dem Vereinsnamen lesen.

Der Coffee-To-Go Becher und das Mousepad gehören zum Randsortiment. Der Coffee-To-Go Becher besteht aus einem weißen Becher und einem blauen Deckel. Mitten auf dem Becher ist das Jubiläumslogo abgebildet. Das Mousepad ist ganz in blau gehalten und besitzt in der Mitte ebenfalls das Jubiläumslogo mit Vereinsnamen.

Tab. 2: Produktbezug und Planungsbezug der Artikel (eigene Darstellung)

Planungsbezug Produktbezug	Aktionsspezifische Planung (30-jähriges Jubiläum)
Primärer Bezug zum Spielgeschehen	Jubiläumstrikot Jubiläumsvolleyball
Primärer Bezug zum Stadiongeschehen	Schildmütze und Schweißbänder Sonnenbrille
Primärer Bezug zum Alltag der Fans	Coffee-To-Go Becher Mousepad

2.3 Wem

Mit dem Merchandisingkonzept soll vor allem die tertiäre Zielgruppe angesprochen werden, das heißt allgemein die Gruppe, die sportinteressiert ist und als Neukunde gewonnen werden kann. Aber auch die primäre Zielgruppe, die aus den Mitgliedern und Zuschauern besteht, soll gezielt zum Kauf animiert werden.

2.4 Bedingungen

Bei den Merchandisingartikeln wird die Marktpreisstrategie angewendet. Die Preise der Artikel liegen im Marktdurchschnitt und haben keine Abweichungen nach oben oder unten. Somit sind die Preise wettbewerbsfähig und viele Personen können sich die Artikel leisten.

Als Vereinsmitglied kann man die Merchandisingartikel jeweils zwanzig Prozent billiger kaufen und man macht hiermit auch andere Menschen, die die Artikel sehen, zu potenziellen Käufern.

Zum Saisonende werden die Artikel im Ausverkauf und um bis zu fünfzig Prozent reduziert, um Platz für neue Artikel zu schaffen.

Tab. 3: Preisliste der Merchandisingartikel (eigene Darstellung)

Artikel	Preis
Jubiläumstrikot	59,95 €
Jubiläumsvolleyball	49,95 €
Schildmütze u. Schweißband	14,95 €
Sonnenbrille	11,95 €
Coffee-To-Go Becher	9,95 €
Mousepad	9.95 €

2.5 Kanäle

Das Unternehmen wählt für den Verkauf der Merchandisingartikel verschieden Vertriebswege.

Überwiegend werden die Artikel im Eigenvertrieb verkauft. Die Artikel werden an den Heimspieltagen vor Beginn, in den Spielpausen und nach den Spielen auf der Tribüne und im Foyer verkauft. Auch unter der Woche werden die Artikel während den Hallen-öffnungszeiten im Foyer verkauft. In der vereinseigenen App werden die Artikel unter dem Reiter „Shop" während dem Aktionszeitraum angeboten.

Im Fremdvertrieb werden die Merchandisingartikel in 2 Sportfachhandeln innerhalb der Stadt angeboten und verkauft.

2.6 Begleitmaßnahmen

Als Maßnahmen innerhalb der Kommunikation werden die Vereinszeitschrift und die elektronischen Medien verwendet. Die Vereinszeitschrift wird jeden Monat an jedes Vereinsmitglied gesendet. Auf einer Doppelseite wird vor und in dem Aktionszeitraum für die Merchandisingartikel geworben.

Die elektronischen Medien sind vor allem für Personen, die noch kein Vereinsmitglied sind, gedacht. Über die sozialen Medien werden mit kleinen Gewinnspielen neue Käufer und Mitglieder generiert.

2.7 Zeitraum

Der Verkauf der Merchandisingartikel beginnt für Vereinsmitglieder und Sponsoren genau einen Monat vor dem offiziellen Verkauf der Produkte. Ab diesem Zeitpunkt beginnt auch die Kommunikation der Artikel vereinsintern und -extern. Der offizielle Verkauf beginnt mit dem Start der Saison im Jubiläumsjahr. Gegen Ende der Saison werden die Artikel nicht mehr produziert und die Reste zum Schlussverkauf angeboten und verkauft.

3 Digitalisierung

Im Folgenden wird eine Vereins-App für einen jugendorientierten Verein konzipiert.

3.1 Jugendorientierter Verein im Überblick

Tab. 4: Jugendorientierter Verein im Überblick (eigene Darstellung)

Vereinsangebot (Kernangebot des Vereins)	Fußball, Turnen
Mitgliederzahl	1.100
Anzahl bezahlter Mitarbeiter	10
Anzahl ehrenamtlicher Mitarbeiter	25

3.2 Zielgruppe der App

Die Vereins-App richtet sich an zwei verschiedene Zielgruppen. Einerseits richtet sich die App an die Mitglieder des Vereins, welche dadurch eine einfache und geregelte Organisation ermöglicht bekommen. Des Weiteren sollen die Vereinsmitglieder durch die App noch mehr zu einer Gemeinschaft vereint und an den Verein gebunden werden.

Auf der anderen Seite werden Sportinteressierte, mit inbegriffen die Fans, als Zielgruppe angesprochen. In erster Linie soll das Image des Vereins durch das Nutzen der-Vereins-App gestärkt werden. Auch ein Zuschauer- und Mitgliederzuwachs soll durch das Nutzen der App stattfinden.

3.3 Inhalt der App

Tab. 5: App-Inhalt und Mehrwert für den Kunden und User (eigene Darstellung)

Themen	Mehrwert für den Kunden	Mehrwert für den User
Ein Kadermanager für die älteren Trainingsgruppen ab 14 Jahren, in dem sich für Trainings, Veranstaltungen Wettkämpfe und Spiele ab- oder angemeldet werden kann	Klare Übersicht, die das Planen deutlich vereinfacht und wenig Zeitaufwand in Anspruch nimmt	Geringer Aufwand, durch eine schnelle An- oder Abmeldung per Knopfdruck Jeder Spieler in der Mannschaft ist auf aktuellem Stand
Ein Kalender, der alle wichtigen Veranstaltungen und Termine aufzeigt: Separater Fan- und Mitgliederkalender, der mit dem Handykalender verknüpft werden kann	Mehr User erscheinen durch Erinnerungen im Kalender zu Veranstaltungen und Terminen	Kein Arbeitsaufwand (Termine sind automatisch im Kalender) Besserer Überblick und der User kann keinen Termin falsch eintragen
Ein Newsfeed, auf dem alle Neuigkeiten aufgezeigt werden wie zum Beispiel neue Sponsoren, Spiel- und Wettkampfberichte, Veranstaltungsberichte, Neuzugänge und Änderungen sowie ein Liveticker	Schnelle Verbreitung von Neuigkeiten im Verein, d.h. ein kostengünstiges Werbemittel für den Verein, dass genau die Zielgruppe erreicht	Mitglieder freuen sich, wenn sie erwähnt werden und ein stärkeres Mannschaftsgefühl entsteht Nutzer sind immer auf dem aktuellen Stand
Vorstellung jeder Mannschaft mit den zugehörigen Trainingszeiten, Trainer, Spielern/Turnern und Spielergebnissen/Wettkampfergebnissen	Interesse für mögliche Neueinsteiger wecken	Schnell Informationen für Interessierte sichtbar Überblick verschaffen über die Mannschaften

3.4 Chancen und Risiken der Vereins-App

3.4.1 Chancen

Eine Chance könnte eine bessere Kommunikation innerhalb des Vereins und somit eine bessere Mitgliederbindung sein. Durch die App hat man das Vereinsleben immer hautnah dabei und man kann von überall mit den Mitgliedern kommunizieren und seinen Beitrag leisten.

Auch der Schritt zur Modernisierung und Digitalisierung könnte eine weitere neue Zielgruppe ansprechen. Personen, die sehr technikaffin sind und überwiegend die Jugend könnte durch das neue Vereinstool angesprochen und geworben werden.

3.4.2 Risiken

Dadurch, dass die User der App immer auf dem neusten Stand sind, könnte das Interesse am Spielgeschehen direkt teilzunehmen sinken. Jeder User hat immer und überall Zugriff auf die aktuellen Ergebnisse und Spielberichte und verpasst somit nichts, auch wenn er nicht aktiv dabei ist. Dies wiederum bedeutet, dass der App-User zum Beispiel dann doch lieber mit den Jungs in die Kneipe geht, anstatt der Fußballmannschaft zuzuschauen, da er ja die Live-Ergebnisse immer einsehen kann.

Des Weiteren könnte durch die Vereins-App viel weniger in persönlichen Gesprächen besprochen werden, da nun alles in der App per Knopfdruck einzusehen und abzuklären ist. Somit könnten sich die Vereinsmitglieder auseinanderleben und nur noch im Training persönlich miteinander kommunizieren.

3.5 Bekanntheitsgrad erhöhen

3.5.1 Social-Media-Marketing

Auf den Social-Media-Plattformen Instagram und Facebook kann vor allem durch ein regelmäßiges Posten von Beiträgen über das Geschehen im Verein auf sich aufmerksam gemacht werden. Durch kleine Gewinnspiele auf der Instagram oder Facebookseite, bei denen es Teilnahmebedingungen gibt, werden weitere Personen akquiriert. Teilnehmen darf jede Person, die drei weitere Freunde unter dem Beitrag markiert. So wird der Verein vielen Personen nähergebracht. Außerdem ist auf dem Titelbild in Facebook ein QR-Code zum schnellen Installieren der Vereins-App platziert.

3.5.2 Eventmarketing

Durch Schnupperfeste in den verschiedenen Sportarten kommen sowohl die Kinder, als auch die Eltern, die zu dem Fest kommen, als zukünftige App-User in Betracht. Die

Schnupperfeste werden durch Anzeigen im Amtsblatt/Zeitungen und Mund-zu-Mundpropaganda angekündigt und empfohlen. Auch an Schulen werden Plakate platziert, die die Jugendlichen auf das Event aufmerksam machen sollen.

3.5.3   Artikel im Amtsblatt

Auch die ältere Generation wird durch ein regelmäßiges Erscheinen des Vereins im Amtsblatt angesprochen und das Interesse am Vereinsgeschehen teilzunehmen wird somit geweckt. Zusätzlich wird in der Anzeige ein QR-Code zur schnellen Installation der Vereins-App plaziert.

3.5.4   Weiterempfehlungen

Der gesamte Verein verkörpert das Vereinsleben so nach außen, dass auch Bekannte, Freunde und Verwandte der Mitglieder und Fans Interesse am Vereins- und Spielgeschehen bekommen und der Verein so an Zuwachs gewinnt und auch die Vereins-App mehr genutzt wird.

4   Sponsoring

4.1   Beschreibung des Unternehmens

Das Unternehmen „Fit Socks" stellt speziell angepasste Socken für Sportler her. Der Standort des Unternehmens liegt in derselben Stadt, in der auch das Laufevent stattfindet. Die Socken fördern die Durchblutung, sind atmungsaktiv und zirkulieren den Blutkreislauf und sind vor allem für Ausdauersportler geeignet. Durch das moderne Design der Socken werden in erster Linie junge, stilbewusste Menschen angesprochen. Es sind für Männer sowie Frauen verschiedene Modelle vorhanden. Auch auf eine qualitativ hochwertige Verarbeitung legt das Unternehmen einen hohen Wert. Die Produktion der Socken findet komplett im Inland statt.

Das Unternehmen verkauft einen Teil seiner Produkte im Eigenvertrieb im Internet. Im Fremdvertrieb werden die Produkte im Sportfachhandel und Onlinehandel in ganz Deutschland verkauft.

Die Werbung von Fit Socks findet zum größten Teil über die Social-Media Plattformen Instagram und Facebook statt. Dort wird mit einem Rabatt-Code für den ersten Einkauf bei Fit Socks geworben. Auch das Event-Marketing wird von dem Unternehmen in der Umgebung genutzt.

4.2 Phasen des Sponsoringprozesses

4.2.1 Festlegung der Ziele

Die Bekanntheit des Unternehmens und deren Produkte zu steigern, ist ein wichtiges psychologisches Ziel. Auch der Aufbau, die Pfelge und die Modifikation des Sponsoringproduktes ist dem Unternehmen Fit Socks wichtig.

4.2.2 Schnittmengenanalyse der Zielgruppen

Tab. 6: Schnittmengenanalyse der Zielgruppen (eigene Darstellung)

Zielgruppe Laufevent	Schnittmenge	Zielgruppe Unternehmen
Ambitionierte Läufer und Freizeitsportler	Ausdauersportler	Ausdauersportler
Sportinteressierte und sportbegeisterte Menschen jeden Alters	Aktive Menschen	Stilbewusste, junge Menschen
Weiblich und männlich	Weiblich und männlich	Weiblich und männlich
Aktiv (Läufer) und passiv (Zuschauer)		

4.2.3 Sponsoring-Einzelmaßnahmen

4.2.3.1 Messestand auf der Läufermesse

Das Unternehmen ist mit einem Messestand auf der Läufermesse vertreten. Dort werden die verschiedenen Sockenmodelle auf einem großen Bildschirm vorgestellt. Die Produkte werden am Messestand an die Läufer und Zuschauer des Lauf-Events verkauft.

4.2.3.2 Give-Away

Desweiterem werden jedem Läufer bei der Anmeldung ein paar Fit Socks als Give-Away gesponsert. Ziel ist es, dass die Läufer die Socken bei dem Lauf-Event oder beim privaten Laufen anziehen und so von dem Produkt überzeugt werden und wieder neue Fit Socks kaufen.

4.2.3.3 Werbebanner am Streckenrand

Um die Zuschauer mit dem Produkt und dem Unternehmen zu erreichen, werden am Rand der Laufstrecke Werbebanner mit dem Namen, Logo und dem meistverkauften Socken-modell platziert. Auf den Werbebannern ist außerdem ein QR-Code vorhanden, der den User nach dem Scannen direkt auf den Onlineshop des Unternehmens leitet.

4.2.3.4 Social-Media Marketing vor dem Laufevent

Vor dem Laufevent wird in den Online-Medien das Laufevent vermarktet. Auf der Bei-tragsfläche werden verschiedene Sponsoren genannt unter anderem das Unternehmen Fit Socks. Dadurch kann das Unternehmen schon vor dem eigentlichen Laufevent auf sich aufmerksam machen.

4.2.3.5 Flyer verteilen

Auf dem Laufevent werden auf der Läufermesse und am Abend auf der Läuferparty Flyer verteilt. Jeder Flyer hat einen Gutscheincode, mit dem man zehn Euro Rabatt auf den ersten Einkauf ab dreißig Euro bekommt. Das soll die Personen dazu bewegen, im On-lineshop einzukaufen.

4.2.4 Erfolgskontrolle des Sponsorships

Das Unternehmen überprüft seine Ziele nach dem Laufevent anhand der Effektivitätskon-trolle. Als Messmethode der Wirkungskontrolle werden Beobachtungen und Befragun-gen und Wirkungsanalysen durchgeführt. Um die beiden psychologischen Ziele überprü-fen zu können, wird die Erfolgskontrolle einmal direkt nach dem Event und nach weiteren sechs Monaten durchgeführt.

5   Literaturverzeichnis

Giannakoulis, S. (n-tv, Hrsg.). (2011). *Dietmar Hopp ist Hoffenheim.* Zugriff am 10.05.2019. Verfügbar unter https://www.n-tv.de/sport/fussball/Dietmar-Hopp-ist-Hoffenheim-article2294591.html

Hoffenheim, T. 1.G. ((o.J.)a). *Historie.* Zugriff am 10.05.2019. Verfügbar unter https://www.achtzehn99.de/tsg/historie/

Hoffenheim, T. 1.G. ((o.J.)b). *Philosophie.* Zugriff am 08.05.2019. Verfügbar unter https://www.achtzehn99.de/akademie/philosophie/

Hoffenheim, T. 1.G. ((o.J.)c). *Services.* Zugriff am 10.05.2019. Verfügbar unter https://www.achtzehn99.de/arena/services/

Hoffenheim, T. 1.G. (2019). *SAP und TSG eröffnen SAP Interactive Data Space.* Zugriff am 05.05.2019. Verfügbar unter https://www.achtzehn99.de/aktuelles/news/sap-und-tsg-eroeffnen-sap-interactive-data-space/

KPMG Advisory Ltd. (2019). The European Champions Report 2019, 8–11.

Teevs, C. (2014). *Vom Milliardärssohn zum Sport-Manager: Hopp on Ice.* Zugriff am 10.05.2019. Verfügbar unter https://www.spiegel.de/sport/wintersport/daniel-hopp-sohn-von-dietmar-hopp-ist-der-macher-im-eishockey-a-1006132.html

Trost, S. (Sky, Hrsg.). (2019). *Bundesliga: So viele Mitglieder hat dein Verein.* Zugriff am 10.05.2019. Verfügbar unter https://sport.sky.de/fussball/artikel/bundesliga-so-viele-mitglieder-hat-dein-verein/11620974/34414

Werner Heß. (2008). Ein Blick in die Zukunft - acht Megatrends, die Wirtschaft und Gesellschaft verändern. *Working Paper*, (Nr. 103), S. 13.

6   Tabellenverzeichnis

BEI GRIN MACHT SICH IHR WISSEN BEZAHLT

- Wir veröffentlichen Ihre Hausarbeit, Bachelor- und Masterarbeit

- Ihr eigenes eBook und Buch - weltweit in allen wichtigen Shops

- Verdienen Sie an jedem Verkauf

Jetzt bei www.GRIN.com hochladen und kostenlos publizieren